Walt Disney

Os segredos da magia que encanta as pessoas

Os segredos da magia que encanta as pessoas

Ryuho Okawa

IRH Press do Brasil

Copyright © 2014 Ryuho Okawa
Título do original em japonês: *Walt Disney – Kandou wo ataeru Mahou no Himitsu*

Tradução para o português: IRH Press do Brasil 2014
Edição: Wally Constantino
Cotejo com o original em japonês: IRH Press do Brasil
Revisão: Francisco José M. Couto
Diagramação: Priscylla Cabral
Capa: Maurício Geurgas
Fotos do miolo: IRH Press Japan

IRH Press do Brasil Editora Limitada
Rua Domingos de Morais, 1154, 1º andar, sala 101
Vila Mariana, São Paulo – SP – Brasil, CEP 04010-100

Nenhuma parte desta publicação poderá ser reproduzida, copiada, armazenada em sistema digital ou transferida por qualquer meio, eletrônico, mecânico, fotocópia, gravação ou quaisquer outros, sem que haja permissão por escrito emitida pela Happy Science – Ciência da Felicidade do Brasil.

1ª edição
ISBN: 978-85-64658-17-2
Impressão: Paym Gráfica e Editora Ltda.

Sumário

Nota do editor 9
Prefácio 13

Entrevista espiritual

1
Evocando o espírito de Walt Disney 17

2
Ser fã da Disney é o segredo para rejuvenescer!? 21
A probabilidade de uma pessoa conseguir o papel
de Mickey é de menos de 1% 21
O mundo em que ele se encontra é o
Mundo da Magia? 24
Os adultos que frequentam a Disneylândia
serão bem-sucedidos em tudo 25

Os quatro estágios da emoção 29

Quais palavras utilizar para demonstrar emoção? 29
Primeiro estágio da emoção: "Primeiro fazer rir
os que não dão nem um sorriso" 30
Segundo estágio da emoção: "Envolver as pessoas
pela empatia, a ponto de se transformarem
no personagem em cena" 32
Terceiro estágio da emoção: "Proporcionar fortes
emoções a ponto de as pessoas não ficarem
sem comentar com os outros" 33
Quarto estágio da emoção: "Instigar nas pessoas o desejo
de também se tornarem mágicas" 35

A chave do sucesso da Disney 37

Ao dominar os segredos da Disneylândia,
até mesmo as religiões vão ficar lotadas!? 37
Os frequentadores assíduos vão atrair novos clientes 39

O que é necessário para ter sucesso no setor de serviços 41

Se não estiver gerando frequentadores, então está
faltando empenho nos detalhes 41

Os cuidados ao caprichar nas minúcias 44
Pense inclusive na sensação após o término
ou na expectativa antes do início 46
Crie a cultura de doar a vida
para alegrar as pessoas 48
O entusiasmo para alegrar as pessoas
também faz parte do talento 51
O segredo do entretenimento é
não ser egocêntrico 52

6
Qual é a fonte da criatividade? 55
"Da miséria nasce a ideia!", eis uma filosofia
de vida 55
A combinação de fatores e a surpresa geram
a criatividade 58

7
*Por que a Disney continua tendo sucesso, mesmo
em meio às recessões econômicas* 61
A Disneylândia atrai os estrangeiros 61
Uma forte determinação de transformar os
funcionários em mágicos 63
A recessão é um bom momento para estudar 66
Todos devem ser profissionais de entretenimento
e empreendedores 68
Atraia as pessoas inclusive nos dias de semana 70

8
A função de Walt Disney no outro mundo 75

Steve Jobs é um engenheiro; Disney, um grande mestre da imaginação 75
Walt Disney tem alguma relação com o deus Hermes e o deus Ophealis? 77
A alma de Walt Disney participou da Gênese 79
Nem os países materialistas e ateus conseguem resistir à Disneylândia 82

9
Encerramento da mensagem espiritual de Walt Disney 85

Posfácio 87
Sobre o autor 89
Sobre a Happy Science 91
Contatos 93
Outros livros de Ryuho Okawa 97

Nota do editor

O que é uma mensagem espiritual?

É a retransmissão da mensagem de um espírito por alguém que possui determinadas capacidades espirituais. Há vários exemplos disso na história. Jesus Cristo recebeu as palavras do Pai Celestial e as transmitiu ao povo; Moisés recebeu os Dez Mandamentos de Deus; e Maomé recebeu a revelação de Alá e registrou-a no Corão – essas são algumas formas de mensagem espiritual. As escrituras budistas dizem que Buda Shakyamuni também tinha conversas espirituais com deuses e demônios. Houve muitas outras pessoas ao longo da história que tinham capacidades espirituais e transmitiram as palavras de espíritos.

As mensagens espirituais da Happy Science não vêm apenas de espíritos de pessoas que viveram no passado, mas também dos espíritos guardiões de pessoas vivas[1] (o espírito guardião reside no mundo espiritual, e é parte da consciência da pessoa viva, além de constituir uma vida passada dessa pessoa).

Nessas mensagens, pode-se ver algo característico de uma religião que é bem diferente das demais religiões do mundo e dos médiuns espirituais: os nomes e as características desses espíritos são identificados, e as mensagens são dadas de maneira muito clara. Não há registros oficiais

---

1 Para mais informações, ver *As Leis do Sol*, de Ryuho Okawa.

até onde Jesus e Maomé eram capazes de discernir o caráter dos diferentes espíritos. Se você pudesse comparar os dons espirituais do mestre Ryuho Okawa com os desses seres de luz, certamente perceberia que ele possui superior capacidade espiritual, talvez a maior já registrada na história da humanidade.

  O mestre Okawa pode invocar quaisquer espíritos que julgar necessário para que transmitam mensagens por meio de seu corpo ou do corpo de algum outro canalizador. Alguns espíritos são capazes de usar o centro de linguagem de Okawa e transmitir mensagens em japonês. A consciência do mestre Okawa se mantém enquanto a comunicação é realizada, e isso o diferencia dos médiuns espirituais comuns. A maioria de suas mensagens é registrada publicamente, diante de uma plateia. Os vídeos dessas mensagens espirituais são divulgados ao público em geral, e as mensagens também são convertidas em livros.

  Desde 2010 o mestre Okawa já registrou mensagens espirituais de mais de 200 espíritos, e a maioria delas foi publicada como "Entrevistas Espirituais". Mensagens espirituais de espíritos guardiões de políticos vivos – como o presidente dos Estados Unidos Barack Obama, o primeiro-ministro japonês Shinzō Abe e o secretário-geral e presidente chinês Xi Jinping, além de comunicações enviadas do mundo espiritual por Jesus Cristo, Thomas Edison, Madre Teresa, Steve Jobs e Nelson Mandela –, são apenas uma pequena parte do material recebido e publicado até agora. No próprio Japão, essas mensagens estão sendo lidas por uma ampla gama de políticos e divulgadas pela mídia, e o conteúdo de alto nível desses livros está provocando um impacto

Nota do editor

ainda maior na política e na opinião pública. Nos últimos anos, houve mensagens espirituais registradas em inglês, e estão sendo traduzidas para o inglês as mensagens recebidas em japonês. Elas foram lançadas em vários países, e passaram a ter um impacto em escala global.

Em junho de 2014, o número total de livros do mestre Okawa, contando com os da série de mensagens espirituais, ultrapassava 1.600. Essa cifra, aliada ao conteúdo das obras, é uma das provas que demonstram por que ele é considerado o detentor da mais elevada capacidade espiritual da humanidade atual.

Por que as mensagens espirituais são importantes para a raça humana

Existem duas razões principais pelas quais o mestre Okawa está transmitindo e publicando um grande número de mensagens espirituais, em ritmo espantoso. Uma delas é provar a existência do mundo espiritual. Grandes mestres da humanidade, como Buda Shakyamuni, Sócrates, Jesus Cristo, Maomé e Newton, todos eles reconheceram a existência de espíritos e do mundo espiritual, onde se encontra a presença de Deus, o Buda criador.

Devido ao atual estágio de desenvolvimento da tecnologia e sua grande evidência, há muitas pessoas na sociedade moderna que não acreditam na existência do mundo espiritual. No entanto, está em curso um movimento global de pessoas que acreditam no mundo espiritual por meio de experiências de quase-morte, espiritismo etc.

No centro desse movimento, e conduzindo a mais eficiente tentativa de provar a existência do mundo espiritual, está a série de mensagens espirituais transmitidas pelo mestre Okawa.

A outra razão da publicação dessas mensagens é dar à humanidade os elementos de que ela necessita para refletir sobre o futuro da Terra. O caminho que os humanos devem tomar pode ser procurado conhecendo não só as ideias, mas às vezes também as valiosas lições extraídas dos erros cometidos pelos espíritos dos antigos líderes religiosos, políticos e cientistas. Além disso, ao revelar também os verdadeiros pensamentos e sentimentos de figuras que ainda estão vivas, podemos prever em que direção estão se orientando a política e a economia internacionais, e detectar e alertar para possíveis crises.

Esperamos que você também leia a série de mensagens espirituais da Happy Science e desperte para a Verdade eterna de que a essência que habita em seu interior é uma alma imperecível. Nosso desejo é que você descubra a verdade dos fatos históricos, que vem sendo ocultada, que você tome conhecimento daquilo que está por trás dos atuais acontecimentos mundiais e, também, que assuma um compromisso com a sua consciência, para não se deixar influenciar pela presente realidade da sociedade global e tomar a direção do futuro que a raça humana deve viver.

Prefácio

Quando jovem, Walt Disney era muito pobre. Sentia-se tão miserável que até mesmo o rato que passava pelos buracos da parede do velho apartamento parecia estar zombando dele. Certo dia, um raio de luz atravessou sua mente, inspirando-lhe uma ideia transformadora. Ele pensou: "É isso! Vou fazer deste rato repulsivo a estrela mais popular do mundo!". Assim foi o início da "magia".

Ser desconhecido e pobre não são necessariamente características do fracasso. Ao contrário, são um trampolim para o sucesso.

Inspirações, ideias, amor ao próximo, atenção aos detalhes, artifícios para atrair os frequentadores assíduos, eis as chaves do sucesso pregadas por Disney neste livro.

E então, quantas ideias você conseguirá extrair deste livro? Transforme-se numa pessoa de sucesso.

Ryuho Okawa
25 de fevereiro de 2014

Walt Disney (1901-1966)

Criador do personagem Mickey Mouse e fundador da Disneylândia. Nasceu em Chicago, nos Estados Unidos. Aos 19 anos, elaborou seu primeiro desenho animado. Aos 22 anos, fundou a The Walt Disney Company com o irmão Roy e lançou diversas obras de desenho animado, como *Branca de Neve* e *Cinderela*, entre outras. Em 1955, construiu o primeiro parque temático do mundo, a Disneylândia. Graças à sua atuação diversificada, estabeleceu uma base sólida para os variados empreendimentos de entretenimento de sua empresa.

Entrevistadores:

Tesshu Saito
Diretor de Treinamento da Happy Science
Diretor de Promoção dos Templos da Happy Science

Saori Miyake
Diretora da Happy Science
Chefe da Divisão de Promoção dos Templos da Happy Science

As opiniões dos espíritos não refletem necessariamente os ensinamentos transmitidos pela Happy Science.

Esta mensagem espiritual foi registrada diante de um público selecionado presente na Matriz da Happy Science no Japão, em 28 de junho de 2012, pelo método de entrevista com perguntas e respostas. Os entrevistadores Tesshu Saito e Saori Miyake, à esquerda, e o mestre Okawa.

1
Evocando o espírito de Walt Disney

RYUHO OKAWA:
Eu me rendo! *[Ao ver os dois entrevistadores, um fantasiado de Mickey e outra de Minnie.]* Vocês apelaram! *[Risadas na plateia.]* Estou usando o relógio e o broche de Tinker Bell[2], mas acho que não vou poder vencê-los! *[Risada.]*

Nos templos da Happy Science, estamos promovendo Seminários Espirituais de Contemplação para estudo dos "Segredos do Sucesso de Walt Disney" como programação deste verão. Creio que é interessante ter a mensagem espiritual também. O seminário está se iniciando hoje; portanto, seria bom publicar esta mensagem "a toque de caixa".

Quando a entrevista espiritual é realizada em inglês, além de nossa insuficiência de vocabulário, acaba ficando muito longa. Portanto, pretendo me esforçar para fazer tudo em japonês. Uma vez que existe a Disneylândia de Tóquio, acho que ele nos deve uma entrevista espiritual em japonês. Caso ele não seja fluente em japonês, farei uma tradução simultânea. Enfim, hoje, pretendo eliminar ao máximo o desperdício de tempo.

---

2 Também conhecida como Fada Sininho no Brasil. (N. do E.)

Walt Disney – Os segredos da magia que encanta as pessoas

Walt Disney é conhecido no mundo todo, portanto não há necessidade de apresentação. Ele é o grande pioneiro do desenho animado e proporcionou sonhos às crianças. E, em relação aos adultos, ensinou como conquistar o sucesso na vida.

Além disso, a Disneylândia é um empreendimento ou uma empresa digna de destaque por ter sucesso continuamente, mesmo nas épocas de crise, quando os concorrentes iam à falência. Se conseguirmos decifrar o segredo desta força, certamente será de grande valia tanto para as crianças como para os adultos.

Hoje, os entrevistadores são pessoas alegres e de espírito infantil e não sei se estou plenamente preparado para corresponder à altura. Por enquanto, me preparei para di-

Parques da Disneylândia de Tóquio (inaugurado em 1983) e do DisneySea (inaugurado em 2001). A Disneylândia recebe 25 milhões de visitantes anualmente, sendo o parque temático mais visitado do Japão.

versas situações e estou usando relógio e o broche de Tinker Bell. Fiz esse investimento imaginando diversos cenários. Em tudo na vida, a preparação é fundamental.

Bem, vou evocá-lo. Quando começarem a sair palavras em inglês, vou forçar para traduzi-las para o japonês.

[Okawa juntou as palmas das mãos e cerrou os olhos.]

Gostaria de convidar o espírito do senhor Walt Disney, pioneiro e fundador da Disneylândia, Walt Disney Studios etc., para que venha à matriz da Happy Science.

Ó senhor Walt Disney, que proporcionou sonhos e esperanças às crianças, e que abriu o mundo da Disney a todos, por favor, desça à matriz da Happy Science e nos oriente sobre a "magia da Disney", sobre os segredos do sucesso e de como criar entretenimentos.

A luz de Walt Disney flui para o meu interior! A luz de Walt Disney flui para o meu interior! A luz de Walt Disney flui para o meu interior, flui, flui, flui!

[Silêncio de aproximadamente 15 segundos.]

Ser fã da Disney é o segredo para rejuvenescer!?

A probabilidade de uma pessoa conseguir o papel de Mickey é de menos de 1%

DISNEY:
Hum? Hum?

SAITO:
Boa tarde!

DISNEY:
Ah, ei, você, por acaso eu te contratei? *[Continua se expressando em japonês com sotaque americano].*
    Veja bem, quem faz o papel de Mickey tem que passar por vários processos de seleção *[risadas na plateia]*. Candidatos em potencial são muitos, mas conquistar o papel do Mickey não é fácil. É 1 em cada 100, ou menos. É preciso ter as características do personagem, a coordenação motora, o espírito altruísta, a afetividade com as crianças etc. Sem isso não dá. E você, será que tem?

SAITO:
Sim.
[Risos.] [Risadas da plateia.]

DISNEY:
Mickey é um grande papel!

SAITO:
Sinto muito por ser excluído da seleção.
[Risos.] [Risadas da plateia.]

DISNEY:
A-há...

SAITO:
Lamento mudar de assunto, mas este ano (2012) seria o seu aniversário de 100 anos. Parabéns pelos 100 anos! *[Aplausos.]* Parabéns de coração! *[Aplausos.]*

DISNEY:
Que estranha a sensação de receber "parabéns" numa instituição religiosa... *[Risos.]*. Será que devo ficar feliz?

SAITO:
Sim, estamos na matriz da Happy Science...

DISNEY:
[Rindo.] Você é demais!

SAITO:
[Risos.] [Risadas da plateia.]

DISNEY:
Quantos anos você tem? Hein? Já tem filhos, não é?

Ser fã da Disney é o segredo para rejuvenescer!?

SAITO:
Isso *[apontando para a fantasia usada na cabeça]* é demonstração de respeito ao senhor Walt Disney.

DISNEY:
A-hã...

SAITO:
Os personagens da Disney, começando pelo Mickey, têm proporcionado sonhos e esperanças ao povo do mundo todo. É agradecimento e respeito por isso.

DISNEY:
Eu também tenho que me empenhar em propaganda. Sendo chamado, faço qualquer coisa como propaganda gratuita. O número de fiéis da Happy Science está crescendo, não é? Venham à Disneylândia!

SAITO:
Sim. Todos adoram a Disney.

DISNEY:
Ah, eu também não nego esforços para isso.

SAITO:
Sim.

DISNEY:
A-hã.

O mundo em que ele se encontra é o Mundo da Magia?

SAITO:
O senhor, após o regresso celestial...

DISNEY:
Regresso celestial... Essa expressão não combina muito comigo. Não tem outra maneira de dizer?

SAITO:
Bem, ao voltar para o Céu...

DISNEY:
Céu, será que é Céu? Huum, será que é Céu?

SAITO:
Passaram-se 46 anos (desde o seu regresso celestial).

DISNEY:
Sim.

SAITO:
Para qual mundo o senhor voltou e está atualmente? Com que pensamento observa o mundo terreno? Primeiramente, qual a sua impressão ao voltar para o Céu?

DISNEY:
"Céu, Céu", essa palavra está ecoando no meu ouvido. "Céu, Céu", está ecoando, mas acho que não é inferno. Mas, na Disney, há partes um tanto quanto amedrontadoras também.

Ser fã da Disney é o segredo para rejuvenescer!?

Chega a assustar um pouco; portanto, não sei se é completamente Céu. Você deve estar achando que sou mágico, não é?

SAITO:
Não, não.

DISNEY:
E então?

SAITO:
Não, a magia da Disney...

DISNEY:
Então, pode falar que eu vim do Mundo da Magia.

SAITO:
Não, não. De jeito nenhum.

DISNEY:
Você disse: "Céu". Hum?

Os adultos que frequentam a Disneylândia serão bem-sucedidos em tudo

SAITO:
Através do mestre Okawa, o senhor nos concedeu sete temas de meditação para o Seminário Temático Especial "Segredos do Sucesso de Walt Disney" por meio de revelações espirituais.

DISNEY:
É verdade. Será que foi em junho? De fato.

SAITO:
Sim. Nos temas de meditação, o senhor nos ensinou a magia do amor e a magia para proporcionar felicidade às pessoas. Muito obrigado!

DISNEY:
Então, vocês vão realizar seminários? Vão realizar seminários pagos com base nas mensagens espirituais de Disney na Happy Science?

MIYAKE:
Sim.

DISNEY:
Todos os participantes vão direto para Disneylândia, certo?

MIYAKE:
Estamos desenvolvendo um plano assim também.

DISNEY:
Pode realizar o seminário no hotel da Disney. É uma maneira também.

MIYAKE:
É verdade.

Ser fã da Disney é o segredo para rejuvenescer!?

DISNEY:
Será que não poderia dar um pouquinho de dinheiro para nós também? *[Expressou-se da mesma forma que uma criança quando pede dinheiro.]*

MIYAKE:
[Risos.]

DISNEY:
Opa, não posso falar desse jeito, afinal é uma conversa entre adultos, não?

MIYAKE:
Recentemente, fui à Disneylândia com pessoas que nunca haviam ido até lá. São instrutores de 40 a 50 e poucos anos que trabalham nos templos.

DISNEY:
Ah, isso não pode. Se não conhecer a Disney, não se pode dizer que são cultas.

MIYAKE:
Talvez. Indo pela primeira vez...

DISNEY:
Pode-se dizer que não conhecer a Disney significa aposentadoria precoce *[A partir desse momento, ele começa a gesticular muito]*. O corte de emprego começa por essas pessoas. Quem conhece a Disney vai conseguir trabalhar mesmo na terceira idade. Quem não conhece a Disney está prestes a ser demiti-

do, com certeza. Quem, mesmo aos 60 ou 70 anos, deseja ir à Disneylândia está sempre na ativa por toda a vida. É isso.

MIYAKE:
O segredo da longevidade está na Disney?

DISNEY:
Sim, esse é o segredo para rejuvenescer, porque ensinamos as pessoas a ter um "espírito divertido", e assim elas continuam jovens por toda a eternidade. A razão é que estão continuamente pensando em "como alegrar as pessoas", quaisquer que sejam as circunstâncias.

MIYAKE:
Uau!

DISNEY:
Quando se conquista a fama entre os jovens, em especial as crianças, acaba-se recebendo apoio contínuo, pois estas crianças se tornarão adultas e fãs da Disney. Por isso, penso que os adultos que frequentam a Disney serão bem-sucedidos em qualquer ramo. Venha sem falta!

Não basta apenas realizar seminários de meditação espiritual no verão. Isso não é o suficiente para adquirir experiência. O importante é ir ao DisneySea depois da Disneylândia, perceber a diferença e aplicar o que for útil nos seus negócios ou na educação dos filhos.

Os quatro estágios da emoção

Quais palavras utilizar para demonstrar emoção?

MIYAKE:
Dentre os palestrantes que visitaram a Disney, havia um com idade de quase 60 anos. De fato, ele estava muito emocionado.

DISNEY:
Emocionante!

MIYAKE:
Ouvi pessoas dizendo: "Deveria ter vindo antes!".

DISNEY:
É importante expressar em palavras essas emoções. A forma como consegue usar as palavras ou os adjetivos para expressar as diversas emoções demonstra o talento e o segredo do sucesso de uma pessoa.

SAITO:
O senhor está falando da emoção, e, de fato, a Disneylândia é repleta de emoções. É realmente impressionante!

DISNEY:
É isso mesmo! Isso mesmo!

Primeiro estágio da emoção: "Primeiro fazer rir os que não dão nem um sorriso"

SAITO:
O senhor disse que existem diferentes tipos de emoção. O que isso significa?

DISNEY:
Oh, agora você marcou presença, hein, Mickey?!

SAITO:
O Mickey chegou para decidir! *[Risos.]*

DISNEY:
Ó Mickey, o Mickey inteligente!

SAITO:
Mickey inteligente! *[Risos.]* É a primeira vez que ouço alguém dizer que existem diferentes tipos de emoção. Pensei que uma emoção se resumisse apenas àquela sensação do tipo "Puxa, foi bom!". Agora, o senhor está dizendo que existem diversos tipos de emoção...

DISNEY:
Existem, sim!

Os quatro estágios da emoção

SAITO:
E quais são?

DISNEY:
Evidentemente. Existem tipos de emoções, sim, cara!

SAITO:
E quais são?

DISNEY:
Em primeiro lugar, existe o estágio de fazer com que aqueles que não dão nem mesmo um sorriso riam.

SAITO:
Interessante!

DISNEY:
São aquelas pessoas que não possuem tantas emoções. Transformar uma pessoa que não tem tantas emoções como alegria, raiva, tristeza e prazer; uma pessoa insensível; uma pessoa burocrática; uma pessoa do tipo funcionário público; e fazê-la se divertir cantando e dançando com as crianças, esquecendo-se do trabalho. Ou seja, é o tipo da emoção que faz com que ela se torne um pai cheio de altruísmo num domingo. Ao ter contato com a Disney, esta pessoa se transforma em alguém com essa sensibilidade. Este é talvez o primeiro estágio da emoção.

Segundo estágio da emoção: "Envolver as pessoas pela empatia, a ponto de se transformarem no personagem em cena"

DISNEY:
O segundo estágio é a empatia ou o envolvimento emocional. Transformar a pessoa em Mickey ou Minnie. Os atores aparecem com as fantasias da Disney se transformando em Cinderela e outras figuras. Os adultos, e até mesmo as crianças, sabem que os carros alegóricos criam o clima de uma noite de verão, o mundo da fantasia, o reino da magia, através de aparelhos eletrônicos e encenações. No entanto, é preciso fazer com que as pessoas esqueçam isso.

O mundo está repleto de pessoas que observam com frieza. A sociedade em geral vê de forma fria. É preciso abrir

Parada musical na Disneylândia de Tóquio.

os olhos dessas pessoas que assistem com frieza e envolvê-las emocionalmente. E fazê-las participar da parada, provocar a sensação de estar dançando com Mickey. E não pode ser uma mentirinha.

As pessoas que fingem estar se divertindo estão mentindo. Isso é normal, não é? Normalmente, nas festas de empresa ou nas festas estudantis em clubes, as pessoas fingem se divertir, se alcoolizando. Não pode ser fingimento. O segundo estágio da emoção é envolver as pessoas a ponto de se sentirem os próprios personagens. Este é o segundo estágio da emoção.

SAITO:
O segundo estágio, sim.

Terceiro estágio da emoção: "Proporcionar fortes emoções a ponto de as pessoas não ficarem sem comentar com os outros"

DISNEY:
Há ainda o terceiro estágio de emoção. Neste caso, a emoção é tanta que a pessoa não consegue segurá-la somente para si.

Antes, falei de provocar emoção envolvendo a pessoa, fazendo-a sentir que é o próprio personagem, gerar empatia. Agora, no terceiro estágio, a emoção é tanta que a pessoa vai sentir que essa alegria não pode ser guardada somente para si. Ou seja, é fazer com que ela leve a emoção de presente para outras pessoas. Ao levar a emoção para casa, mesmo estando longe da Disneylândia, essa pessoa vai comentar com os demais: "Foi muito bom! A nova atração é excelente! O Mickey é número 1!". Entende?

"Aquela coreografia é fantástica! Eles dançam tão bem! Encantariam até mesmo bailarinos profissionais!".

E o pessoal que faz a limpeza sobre patins de rodas, na verdade, aquilo também é encenação. Apesar de fazerem a limpeza sobre patins, eles não são faxineiros contratados. Eles também são profissionais de entretenimento. A encenação de limpeza também é entretenimento. Em geral, as empresas terceirizam a faxina, pois pensam que o trabalho se resume somente às atividades geradoras de renda. Não têm interesse na faxina e terceirizam, não é mesmo?

Na Disney, o pessoal da faxina, os funcionários da manutenção, os anunciantes, os cuidadores de pessoas perdidas, são todos vendedores. Por isso, as pessoas, de tanta emoção, não conseguem guardar para si a vontade de voltar e acabam transmitindo esta emoção aos demais.

No dia seguinte, ao voltarem para o trabalho, inevitavelmente ficam com vontade de contar: "Fui, fui pra Disney! Estava muito divertido!".

As crianças, na escola, contam orgulhosamente: "É demais! É excelente! A nova atração é fantástica! Esperei duas horas, mas valeu a pena! Valeu mesmo!".

A fila de espera nas atrações famosas é muito longa, mas fica a sensação de que "valeu a pena esperar!". Além disso, as atrações são tantas que não se consegue ver tudo. Por isso, é preciso voltar.

O verão é quente. São mais de 30°C. E o inverno é frio. No entanto, atraímos as pessoas tanto no frio como no calor. Em geral, as pessoas não iriam no calor ou no frio.

Os quatro estágios da emoção

Ou, iriam para aquários no calor e para termas no frio. O importante é atrair tanto no calor como no frio. Inclusive, na época da proliferação da alergia a pólen.

    Este terceiro estágio é a emoção de não conseguir conter a vontade de falar para os outros. Ou seja, é uma emoção que transforma o cliente em relações-públicas ou garoto-propaganda da Disney. Este é o terceiro estágio.

Quarto estágio da emoção: "Instigar nas pessoas o desejo de também se tornarem mágicas"

DISNEY:
O quarto estágio...

SAITO:
Tem mais ainda?

DISNEY:
Tem mais um ainda. *[Apontando o Saito.]* Você usou uma linguagem arcaica, "regresso celestial", mas não é assim. O quarto estágio tem que chegar até o ponto de instigar nas pessoas o desejo de se tornarem mágicas e realizarem magias no outro mundo.

    Vocês estão querendo se tornar monges ou anjos, praticando exercícios ascéticos. Agora, quem tem contato com a Disney quer se tornar mágico no outro mundo. *[Fazendo gestos de magia com as mãos]*. Pá! Transformando abóbora em carruagem! Dá para entender esse desejo? Essa sensação? Transforme-se em carruagem! Aí aparece uma carruagem. E a mocinha da faxina pensa: "Seja uma Cinderela!" e se torna uma Cinderela em traje de princesa. É preciso instigar as pessoas a ponto de desejarem realizar esse tipo de experiências fantásticas no outro mundo.

Estes são os estágios da emoção. E o último estágio é se tornar Disney. Quando chegar à emoção de querer se tornar Walt Disney, se tornar o deus da Magia, já atingiu o último estágio. Sim. Hahahaha!

MIYAKE:
Fantástico! *[Risos.]*

SAITO:
Uau! Não sabia que pudesse haver tantos estágios de emoções!

DISNEY:
Existem... Existem muitos!

SAITO:
Sim.

DISNEY:
Hum!

4
A chave do sucesso da Disney

Ao dominar os segredos da Disneylândia, até mesmo as religiões vão ficar lotadas!?

MIYAKE:
Instigar não somente o público que vem à Disneylândia, mas também as pessoas que trabalham lá.

DISNEY:
Isso, isso!

MIYAKE:
Todos comentam: "O Walt disse isso! O Walt disse aquilo!" É como se você fosse o fundador de uma religião.

DISNEY:
Isso!

MIYAKE:
Então é isso!?

DISNEY:
Isso!

MIYAKE:
Achei isso incrível!

DISNEY:
É a mesma coisa. Ao pesquisar a Disneylândia, a religião também vai usufruir. As religiões devem estudar muito mais a Disneylândia. Ao dominar os segredos da Disney, as religiões vão crescer muito. As que estão com dificuldade no crescimento agora devem pesquisar a Disney.

MIYAKE:
De acordo com a sua visão, o que os templos da Happy Science, atualmente em crescimento, devem fazer para melhorar ainda mais?

DISNEY:
Então, tem que fazer isso aí *[apontando para a fantasia do entrevistador]*.

MIYAKE:
[Riso.]. [Risada na plateia.]

SAITO:
Tem que fazer isso? Ah, não!

DISNEY:
Os monges responsáveis pelos templos devem receber as pessoas com esse espírito altruísta. Não se deve ser esnobe. Não se deve se achar superior.

A chave do sucesso da Disney

MIYAKE:
Como assim, ser esnobe?

DISNEY:
Uma vez ou outra pode haver um ar de solenidade. Também há atrações com ar de solenidade, outras que provocam medo. Não tem importância. As pessoas vão ficar tensas, sentir o ar solene, ter a sensação de encontro com Deus. Certamente, pode haver esse tipo de espaço sagrado. Mas a religião é igual à Disney. O segredo do sucesso está na criação de frequentadores assíduos.

MIYAKE:
Frequentadores assíduos...

Os frequentadores assíduos vão atrair novos clientes

DISNEY:
Os frequentadores assíduos vêm repetidas vezes. O ser humano possui opções. O tempo disponível é escasso. O dinheiro também é escasso. O tempo e o dinheiro disponíveis mensalmente são contados. O tempo de lazer também. Portanto, as pessoas fazem opções e decidem em que gastar seu tempo e dinheiro.
     Gastar o precioso domingo em que? Assistir ao jogo de futebol com as crianças? Ou jogar com as crianças? Ou brincar de fogueira? Ou ir a um cursinho? Existem muitas opções.
     Precisamos da magia para atrair as pessoas à Disney, dentre difíceis e diversas alternativas. Como criar frequentadores é uma questão muito importante! São os frequenta-

dores que convidam os amigos. Quando uma pessoa se torna frequentadora, ela se transforma em garota-propaganda e anuncia aos demais o quanto é divertido.

Criar novas atrações é bom. Mas não se pode pensar em atrair o público somente com propaganda. A Disney não precisa fazer propaganda das novas atrações, pois quem as vivenciou anuncia nas salas de aula ou nas horas de recreio.

Os adultos também comentam durante a reunião de Pais e Mestres. O pai também sente orgulho em mostrar aos colegas que sabe agradar a família e diz: "Fomos à Disneylândia neste sábado e domingo, com a hospedagem incluída." Os demais pais, ao ouvirem, pensam: "Eu também vou ter de levar a minha família".

Ao ser questionado sobre a melhor atração, diz: "O melhor foi o submarino do DisneySea". Aí, os demais pensam: "Uau! Que legal! Tenho mesmo que levar a família". Assim, chegando em casa, vai poder dizer: "Entrando no submarino, pode-se ver a paisagem dentro do mar. Vocês querem ir?". Quando se tem um pouco de conhecimento, é possível fazer uma navegação com as crianças e isso é divertido.

Este é o segredo! É exatamente igual à religião! No caso da religião, não é possível construir novos templos ou parques temáticos com frequência. Mas o importante é ser uma religião inovadora, que cria e oferece conteúdos atraentes. E assim fazer com que os membros tragam as pessoas.

Se a religião estiver empobrecendo apesar dos lançamentos de novidades, então, deve estar faltando espírito altruísta, competência na encenação e competência dos atores em alegrar os fãs, ou seja, está faltando competência nos atores que atuam como Mickey, Minnie e outros.

5
O que é necessário para ter sucesso no setor de serviços

Se não estiver gerando frequentadores, então está faltando empenho nos detalhes

SAITO:
Alegrar as pessoas é típico da Disney!

DISNEY:
Sim. É preciso caprichar!

SAITO:
Caprichar? Alegrar?

DISNEY:
Sim. Então, é preciso caprichar nos detalhes.

SAITO:
Caprichar nos detalhes?

DISNEY:
Sim. Todos os lugares que não conseguem aumentar os frequentadores são assim. Falta se empenhar nos detalhes. Nos mínimos detalhes!

Por exemplo, o patinador desliza varrendo a rua onde passa o carro alegórico *[fazendo gestos de varredura]*. Ele faz a faxina para limpar minuciosamente todos os cantos da rua e, ao mesmo tempo, dá um sorriso ao catar a sujeira do chão, e se aproxima do cliente *[dá um sorriso]*. Ele está atento às expressões das pessoas.

SAITO:
Faz a faxina e ao mesmo tempo vê as expressões das pessoas?

DISNEY:
Isso mesmo! Vê as expressões das pessoas. São pessoas que podem estar mal-humoradas ou irritadas com a fila de espera. E ele procura proporcionar um momento de relaxamento a elas para que tenham uma boa expectativa da próxima atração. Ele vai aplicando a magia, aplicando o encanto.

SAITO:
Vai encantando as pessoas enquanto faz faxina?

DISNEY:
Sim. Isso mesmo!

SAITO:
Vai alegrando as pessoas através da magia?

DISNEY:
O show não começa somente quando se inicia a parada. O show começou bem antes.

O que é necessário para ter sucesso no setor de serviços

SAITO:
O show se inicia na faxina?

DISNEY:
Bem antes! Bem antes! O show se inicia na faxina ou quando o guia organiza a fila. Portanto, é preciso caprichar nas minúcias.

SAITO:
Caprichar nas minúcias.

DISNEY:
Sim. Este capricho é importante. Onde falta capricho, não há como alegrar uma pessoa.
 Na Disney, não há somente atrações alegres. Existem atrações de medo também. Há o Palácio do Terror. É preciso caprichar nas minúcias inclusive para amedrontar as pessoas. É preciso estudar a arte do medo.

SAITO:
[Risos.] Arte do medo...

DISNEY:
É preciso levar em consideração os mínimos detalhes!

SAITO:
Uau!

DISNEY:
Veja o caso do Mickey! Sabe o quanto é difícil o treino do

Mickey? Ele é escolhido a dedo a partir de uma acirrada competição, depois faz a repetição de um treinamento mais intenso que a própria apresentação final.
    Portanto, não basta ser um bom dançarino. O importante é encantar e emocionar as pessoas que veem a dança. Quem não capricha nos detalhes não serve.

SAITO:
Caprichar nos detalhes...

DISNEY:
Quem não capricha nas minúcias não é capaz de conquistar um grande sucesso na área de serviços.

Os cuidados ao caprichar nas minúcias

DISNEY:
Entretanto, não se podem cometer erros na hora de caprichar nas minúcias. Por exemplo, no Japão, há o parque temático Huis Ten Bosch (Vila Holandesa).

SAITO:
Sim, isso mesmo.

DISNEY:
É um parque temático que reproduz cenas da Holanda. Ali foram erguidas réplicas de construções holandesas, em tamanho real, nos mínimos detalhes. Acontece que basta ver aquilo uma vez e acabou. Apesar de terem se esmerado nos

detalhes, as pessoas acabam se cansando de ver a atração, pois é tudo igual. Em vez disso, o cuidado com os aspectos invisíveis, como os movimentos das pessoas, as encenações e os conteúdos, são os fatores de sobrevivência. O cuidado com os aspectos visíveis, como a infraestrutura, comove os visitantes na primeira vez, mas o nível de emoção vai caindo na segunda ou terceira visita.

SAITO:
De fato!

Parque temático de diversões Huis Ten Bosch (Vila Holandesa), em Nagasaki, Japão. As ruas são réplicas idênticas das existentes na Holanda. Apesar de ter atraído muita atenção no início das operações, gradativamente veio perdendo público, indo à falência em 2003. Depois, ao passar para o controle de uma grande empresa de turismo, reformulou seu modelo de gerenciamento e atualmente é lucrativo.

DISNEY:
Quando o foco está na infraestrutura, tenta-se atrair o público somente por meio das novas construções. Investe-se muito dinheiro, mas a emoção não aumenta tanto.

Afinal, para alegrar as pessoas... a Disney também investe milhões em coisas novas. De fato, novos prédios e instalações são necessários. Entretanto, o ponto-chave está no acabamento final dos detalhes, na vontade dos atores que treinam, encenando, dançando e cantando.

> **Pense inclusive na sensação após o término ou na expectativa antes do início**

SAITO:
Nas cenas invisíveis, por exemplo...

DISNEY:
Isso provavelmente também vale para vocês.

SAITO:
Como? É?

DISNEY:
Vocês não falam na difusão?

SAITO:
Sim.

O que é necessário para ter sucesso no setor de serviços

DISNEY:
Falam em chamar as pessoas através da difusão. Porém, muitos que vêm aos templos, voltam decepcionados. Muitos vêm pela primeira vez e voltam decepcionados.

No entanto, os monges responsáveis ou os diretores dos templos não sabem, pois nem chegam a pensar no que ocorre depois que eles voltam decepcionados. Os seus trabalhos se encerram já no momento dos encontros. A mente deles não é capaz de imaginar se aquelas pessoas ficaram com vontade de voltar ou de trazer seus amigos.

Eles deveriam pensar em tudo isso, mas estão concentrados em realizar o trabalho uma única vez. Aqui está a diferença em relação à Disney.

SAITO:
É preciso imaginar no que estão pensando quando vão embora, certo?

DISNEY:
É preciso pensar no "depois". Evidentemente, também é importante a expectativa na fase anterior ao evento.

Vocês não estão filmando as cenas de hoje? Não estão realizando o seminário temático especial "Os Segredos do Sucesso de Walt Disney" em todos os templos?

Então, é preciso anunciar: "Hoje, de repente, Walt Disney desceu! Desceu do Céu dizendo que quer fazer comentários sobre o seminário! O mestre Okawa não conseguia mais fazer outra coisa a não ser dizer 'Disney, Disney, Disney!'. Assim, gravamos de última hora vestidos com as fantasias de Mickey e Minnie, pois o Mestre poderia enlouquecer". Todos ficarão felizes: "Oba, gente, chegou uma novidade, que alegria!" Não se deve anunciar burocraticamente.

Crie a cultura de doar a vida para alegrar as pessoas

MIYAKE:
O que me impressiona é a postura de se colocar na posição do outro.

DISNEY:
Isso, isso! O ser humano não consegue viver mais de 100 anos. E ao longo de 100 anos ou de algumas décadas, o que nos espera é um trabalho duro.

Não conseguimos fugir do trabalho duro. Em geral, o trabalho remunerado é assim.

Entretanto, um dos trabalhos celestiais é proporcionar aos trabalhadores a sensação de que a vida é divertida, eliminando o cansaço e refrescando a mente.

Eliminando o cansaço e refrescando a mente dessas pessoas... Ou, dando ânimo para o dia seguinte e a harmonia na família. Se uma família que está em briga vai à Disneylândia e recupera a harmonia, estaremos contribuindo para a utopia no lar, substituindo a religião.

Quem encena ou compartilha a felicidade está praticando rigorosos exercícios diários de aprimoramento que não devem nada ao treinamento de esgrima.

Naquele carro alegórico, por exemplo, é muito difícil fazer o papel da rainha ou da Cinderela. Se o ator falhar, toda a parada vai por água abaixo. É extremamente difícil.

Seria terrível se as pessoas tivessem uma impressão negativa como: "Que decepção! Não estava bonito!" ou "Os atores estavam desanimados!" ou "Pareciam cansados!". É inadmissível a cena de um Mickey cansado ou com as costas curvadas!

Mesmo que dentro da fantasia do Mickey esteja uma pessoa de 60 anos, é preciso se movimentar como se fosse um jovem (balançando o corpo com ritmo). É preciso executar o papel entregando a vida.

Se a temperatura ambiente é de 34°C, dentro da fantasia é de 60. Você consegue entender o sentimento de alguém que tenta alegrar as pessoas numa sauna de 60°C?

Lá dentro é um verdadeiro inferno, mas, se o público ficar com pena de quem está ali dentro, será uma derrota. Dentro da fantasia faz 60°C. É verdade!

Então, com perdão às mulheres, por debaixo da fantasia, o ator usa apenas uma cueca devido ao calor. Não tem como usar roupa. Assim, eles desempenham o papel de Mickey unicamente de cueca.

Seria uma derrota se alguém do público ficasse com pena e dissesse: "Hoje está quente! Aí dentro deve estar mais ainda. Que trabalho árduo, hein, Mickey?".

Não se pode deixar que o público pense assim. Mickey deve se preocupar com o público. Esse espírito é bom. Conseguem entender?

SAITO:
É Mickey em ação de entrega da vida!

DISNEY:
Entregando a vida! Entrega-se a vida para alegrar as pessoas! Entendem?

MIYAKE:
O esforço do dia a dia é realmente impressionante!

DISNEY:
Vocês devem incutir essa cultura ou ideia em cada funcionário por meio da educação e do treinamento. Portanto, o entusiasmo de quem está no topo é de extrema importância. Deve-se criar algo de excelência com tal capricho.

 É absolutamente inaceitável que a administração pense que as pessoas virão só porque houve investimento em novas atrações, além das propagandas em tevês e jornais.

 Isso vale principalmente para a religião. A fama é conquistada boca a boca.

SAITO:
Boca a boca?

DISNEY:
Tudo isso é boca a boca!

 O ser humano é honesto. Não consegue mentir. Portanto, é até possível um sucesso boca a boca armado artificialmente. Mas não se consegue isso diversas vezes. Não se consegue todos os anos.

 Por outro lado, quando se almeja a excelência de verdade, o boca a boca se amplia.

O que é necessário para ter sucesso no setor de serviços

O entusiasmo para alegrar as pessoas também faz parte do talento

SAITO:
Há pouco, o senhor disse: "Para transformar cada funcionário em um líder, é essencial o entusiasmo da alta administração".

DISNEY:
É importante.

MIYAKE:
O sr. Walt, em vida, também lançou mão do entusiasmo para transformar cada um em líder?

DISNEY:
Isso é um talento!
    Vocês costumam pensar que talento é, por exemplo, ter bom desempenho na escola ou ganhar um prêmio extraordinário como atleta, ou ser talentoso nas artes ou na música. No entanto, também é um talento ter forte entusiasmo em alegrar alguém, ou, ainda, proporcionar sonhos às pessoas. Este talento é capaz de provocar uma grande influência em quaisquer empreendimentos.
    Por exemplo, a Disney também produz filmes de animação. O potencial desses filmes depende de quantas vezes as pessoas assistiriam ao filme sem se cansar, ou de quantas vezes elas gostariam de assisti-los.
    Se for apenas uma vez, o filme não serve. É preciso ser um filme que suscite a vontade de assistir repetidas vezes, ou de assistir de novo depois de certo tempo. Será que

uma criança ficaria com vontade de assistir diariamente? São diversos fatores: a qualidade do desenho, os movimentos dos personagens, a história, as vozes etc. Enfim, tudo é uma questão de capricho.

O segredo do entretenimento é não ser egocêntrico

MIYAKE:
Eu também assistia aos filmes da Disney na infância diversas vezes, até o ponto de gastar a fita de vídeo. Atualmente, a Happy Science também produz filmes...

DISNEY:
Ainda não está bom. Ainda falta entretenimento de estágio mais avançado.

MIYAKE:
Qual o segredo do entretenimento?

DISNEY:
Hum... Vocês estão muito centrados em si mesmos.

MIYAKE:
Centrados em nós mesmos?

DISNEY:
Talvez eu esteja sendo mal-educado ao falar que vocês são focados em si mesmos, mas ainda há muitas mensagens di-

recionadas para a própria instituição; assim, há situações em que não conseguem tocar o coração das pessoas.

Sinto que vocês ainda estão forçando um pouco seus argumentos. Não acham que precisam ter um pouco mais de força para atrair? Sem dúvida, vocês devem ir mais à Disneylândia.

MIYAKE:
[Risos.]

DISNEY:
Visitem a Disney numa folga. Ou, seria bom assistir aos desenhos ou filmes da Disney e estudá-los nos intervalos de trabalho.

Na Happy Science, há funcionários de diversas especialidades, mas não vejo muitos profissionais especializados em técnicas de entretenimento.

Talvez seja interessante se esforçar um pouquinho mais. Vocês estão se autolimitando. Bem, talvez vocês sejam mais interessantes do que outras instituições. Há religiões que vivem à espera da morte das pessoas. Entretanto, o tamanho do mercado não aumenta com a morte. É lamentável aumentar o faturamento em função da morte de pessoas, não é?

E, assim, alguns templos budistas estão realizando concertos como um atrativo, não é? Enfim, existem diversas maneiras. De qualquer modo, ser estimado por diferentes comunidades também é importante.

6
Qual é a fonte da criatividade?

"Da miséria nasce a ideia!", eis uma filosofia de vida

SAITO:
Ouvindo o senhor, tenho a sensação de que muitas ideias para alegrar as pessoas começam a brotar.

DISNEY:
É isso! Isso mesmo! *[Bate na mesa duas vezes.]*

SAITO:
Essas ideias surgem por causa do desejo de dar alegria às pessoas?

DISNEY:
Não. Elas vêm da pobreza!

SAITO:
[Surpreso.] Como?

DISNEY:
Sim.

SAITO:
Como assim?

DISNEY:
Na verdade, quem nunca vivenciou a pobreza não é capaz de ter ideias.

SAITO:
Ah!

DISNEY:
Sim. É a pobreza.

SAITO:
Dizem que o Mickey Mouse foi criado a partir da inspiração que o senhor teve quando viu os ratos correndo por seu velho apartamento alugado.

DISNEY:
É isso mesmo.
 As pessoas pensam que a pobreza é um mal. No entanto, ela nos proporciona infinitas possibilidades. A pobreza significa infinitas possibilidades de riqueza.
 Por ser pobre, faltam materiais, certo? E por faltar materiais, tudo que lhe resta são ideias. Em primeiro lugar, é preciso lutar com ideias. É preciso iniciar o trabalho com ideias. Por ser pobre é que surgem as ideias.
 Se a pessoa já tem muito dinheiro e muitas posses, as ideias não surgem, e ela acaba concentrando suas energias em consumir o que já tem. Ela é capaz de consumir o patrimônio, ou seja, recebe a herança dos pais e passa a consumi-la.
 Ser pobre é uma coisa maravilhosa. As ideias nascem da miséria. Essa é uma filosofia de vida.

Qual é a fonte da criatividade?

Há quem a odeie e culpe o mundo devido à pobreza. Há também aqueles que se queixam da recessão econômica.

No entanto, é possível elaborar planos e projetos diversos justamente por ser pobre e por acreditar que a única arma para lutar são as ideias. Ideias e sabedoria: "Como vender mais?", "Como divertir as pessoas?", "Como aumentar os clientes da minha empresa?".

E quanto mais pobre, mais se pensa nisso. Se o dinheiro estiver sobrando, as pessoas não pensam muito, pois acabam se acomodando.

SAITO:
Quer dizer que o senhor sempre teve o espírito faminto?

DISNEY:
Isso. É preciso ter o espírito faminto. Essa é a fonte de ideias. Estar faminto é a fonte de ideias. Portanto, você não pode ter um salário muito alto. Sendo baixo, haverá a alegria de aumentar. Se aumentar demais, será que sentiria alegria ao reduzir? Não, só haveria sofrimento. A pobreza da instituição é também um motivo de alegria.

SAITO:
Ah.

DISNEY:
Isso significa o seguinte: "Se não colecionar ideias, não há como sobreviver!".

A combinação de fatores e a surpresa geram a criatividade

MIYAKE:
Ao ouvir seus comentários, percebo nitidamente a "técnica de pensamento reverso".

DISNEY:
É claro que sim. Em geral, as pessoas veem o mundo como se já atingisse o estado saturado. Já temos tudo neste mundo. Tudo que se imaginar. As ruas estão abarrotadas de carros, há muitos ônibus, trens e aviões. Há inúmeros cinemas, restaurantes e lanchonetes. Na tevê, há vários canais gratuitos, nos jornais há muitas notícias. Enfim, o mundo está abarrotado de coisas.

Diante deste quadro, surge um dilema do tipo: "Como produzir cores exuberantes como as dos peixes ornamentais do aquário?". Percebe o dilema?

Produzir cores que não existem neste mundo... Azul, vermelho e diversas cores *[fazendo gestos de peixe, nadando e gritando]*: "Uaau!", "uaau!" *[Risos da plateia.]*

MIYAKE:
Parece bem divertido!

DISNEY:
Dá para entender? É esta a sensação.

Qual é a fonte da criatividade?

MIYAKE:
De onde vêm tais inspirações?

DISNEY:
Hum... Falei agora sobre aquário, mas é o mesmo que um aquário. Se a ideia é entreter as crianças, você acha divertido criar um aquário só de carpas negras? Não tem graça, não é? É preciso ter muitas variedades.

Além dos peixes pacíficos, aparece um tubarão. As pessoas pensam: "Será que os peixinhos não serão comidos pelo tubarão?". Quando de repente aparece o tubarão, as pessoas ficam assustadas: "E agora? Acho que o tubarão vai comer!". Aí aparece uma tartaruga gigante ou uma raia. A criatividade também está nessas combinações.

SAITO:
Ou seja, a diversidade de espécies?

DISNEY:
Sim. Isso mesmo, isso mesmo. Essa combinação de diferentes elementos e o fator "surpresa" geram a criatividade.

Então, de fato, o importante é treinar sempre, se esforçando para melhorar sua técnica, além de continuar gerando ideias com o permanente espírito de alegrar as pessoas.

7
Por que a Disney continua tendo sucesso, mesmo em meio às recessões econômicas

A Disneylândia atrai os estrangeiros

SAITO:
Todas as vezes em que vou à Disneylândia sempre há obras em andamento.

DISNEY:
Sinto muito!

SAITO:
Não tem problema!

DISNEY:
É realmente lamentável!

SAITO:
Nada disso!

DISNEY:
Vou consolar você com dança, Mickey! *[Gestos de dança.]*

Walt Disney – Os segredos da magia que encanta as pessoas

SAITO:
[Risos.]

DISNEY:
Vou iludir você com a dança...

SAITO:
Na Disney, surgem novas atrações todos os anos. O DNA de inventar coisas novas já existia desde quando o senhor atuava em vida?

DISNEY:
De fato. Por exemplo, no Japão existem dois tipos de cidade, certo? Há o tipo Quioto, uma cidade antiga, que atrai os turistas com as coisas antigas que jamais mudam. Esse estilo também consegue ter frequentadores assíduos. De tempos em tempos, as pessoas ficam com vontade de rever Quioto. Existem coisas que atraem pela antiguidade que nunca muda. E há também aquelas como a Disneylândia, em que as pessoas são atraídas pela esperança de ver novidades todos os anos. Evidentemente, a Disney é mais nova.

Na recessão, os entretenimentos menos populares são os primeiros a falir. E quando estes fecham, seus clientes vêm para a Disney.

No Japão, não há tantas atrações para os estrangeiros, não é? No entanto, eles vêm à Disneylândia, pois não há erro. Chegam chineses e até mesmo norte-coreanos, não é? Não foi o líder norte-coreano que foi na infância ao Japão, mesmo correndo risco de vida, por querer ver a Disneylândia? É preciso muito poder de atração.

Vocês também precisam se esforçar mais. Não tem graça! Em todos os eventos, ao iniciar, vocês não ficam anunciando as proibições? *[Gesto de pegar no microfone.]* "Isto não pode! Aquilo também é proibido!" Não é assim? Isso acaba com a graça! Acaba mesmo! Não é verdade? Vocês são como pessoas que só servem para trabalhar em instituições públicas. É preciso, portanto, fazer uma reforma essencial.

Uma forte determinação de transformar os funcionários em mágicos

SAITO:
Acredito que o senhor, em vida, tenha anunciado enfaticamente a criação dessa ideia, transmitindo-a como uma cultura empresarial. E como seria a forma de transmissão: "de coração para coração", "de emoção para emoção"? Creio que seja também através da educação. Como transmitir?

DISNEY:
De fato, é possível transformar o ser humano.

SAITO:
O ser humano é transformável?

DISNEY:
Sim. É preciso acreditar que é possível transformar. À minha maneira, tenho a pretensão de transformar cada funcionário num mágico. Tenho a forte convicção: "Não importa quem seja, seja profissional da cozinha, do restaurante, do

pessoal de segurança; se trabalham na Disney, todos serão transformados em mágicos!". Todos, de ponta a ponta, serão transformados em mágicos!

No caso de vocês, é fundamental ter o desejo de transformar todas as pessoas, de ponta a ponta, em pessoas felizes, já que vocês são da Happy Science! Veja bem, quando as pessoas assistirem a este vídeo, todas verão a Minnie (apontando para Miyake) como graciosa. Agora, quanto ao Mickey (apontando para Saito), os diretores dos templos acharão que é uma brincadeira sem graça. *[Risadas na plateia.]*

SAITO:
Muito obrigado pela incrível sinceridade. Senti a voz do coração. *[Risos.]*

DISNEY:
É uma questão de perceber essa diferença. Ela está combinando com o papel.

SAITO:
[Risos.]

DISNEY:
Seu desempenho soa um pouco falso... Bem, um pouco... *[Risadas na plateia.]*

SAITO:
Sinto muito. Peço desculpas sinceras *[de pé, curvando-se].*

Por que a Disney continua tendo sucesso

DISNEY:
Que isso! Aparenta ser um pouco falso. Portanto, sem dúvida, esse é o ponto de aprimoramento!

SAITO:
É preciso se conhecer melhor.

DISNEY:
Acho que nem houve tempo para um preparo adequado. Você nem sabia, pois foi avisado de última hora. Mas, uma vez que decidiu participar como entrevistador na *Mensagem Espiritual de Disney*, com fantasia de Mickey, na verdade, teria que ter aprendido a dança do Mickey *[movimentando os braços com ritmo e balançando o corpo]*. Não é?

SAITO:
Então, é preciso chegar a este nível para comover as pessoas?

DISNEY:
[Ainda gesticulando na dança.] Tem que mostrar a dança: "Sr. Walt, me dá um tempinho! Já vou lhe mostrar a dança do Mickey. Dê uma nota! De 1 a 5, quanto o senhor me daria?".

SAITO:
[Risos.] Senti os trejeitos do Mickey, agora! O clima!

DISNEY:
Então, precisa estudar. Se não, não dá para ser Mickey!

SAITO:
De fato! Uma profunda reflexão, estou...

DISNEY:
Esse é o ponto fraco! Ela já consegue produzir o clima, um pouco, pois já assistiu a muitos desenhos da Disney.

SAITO:
Sim.

DISNEY:
Essa diferença entre perder ou não a graça é nítida. Se pedir para outros diretores de templos se fantasiarem, em vez de aumentar o público, de repente pode diminuir. Entende? Pode diminuir e as pessoas vão dizer: "Esta instituição é muito estranha! É maluca!".

    É fundamental que a combinação esteja perfeita. Portanto, vocês não podem ser egocêntricos. É preciso se colocar na posição do cliente e encantá-lo a ponto de ele dizer: "Uau, maravilhoso! Fantástico!"

A recessão é um bom momento para estudar

SAITO:
Mudando de assunto, atualmente existe uma empresa chamada Oriental Land, que administra a Tokyo Disneyland e o Tokyo DisneySea.

Por que a Disney continua tendo sucesso

DISNEY:
Sim, sim.

SAITO:
E em 2012, no primeiro trimestre do ano fiscal, de abril a junho, a Oriental Land atingiu o maior lucro operacional da história e um gigantesco faturamento anual de US$ 356,1 bilhões.

Juntando a Disneyland e o DisneySea, são mais de 25 milhões de pessoas que visitam os parques anualmente. Como eles conseguem continuar tendo sucesso em meio à recessão?

Gráfico da evolução do número de visitantes e do lucro operacional do Tokyo Disney Resort

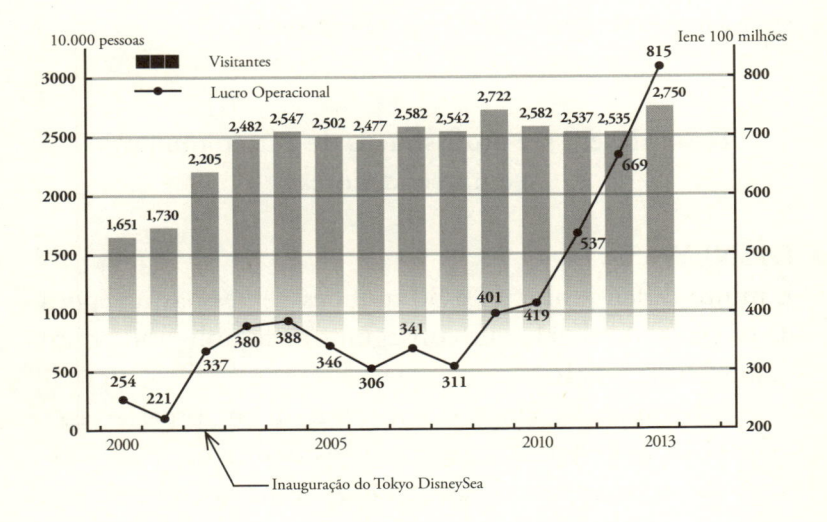

Ano	Visitantes (10.000 pessoas)	Lucro Operacional (Iene 100 milhões)
2000	1.651	254
2001	1.730	221
2002	2.205	337
2003	2.482	380
2004	2.547	388
2005	2.502	346
2006	2.477	306
2007	2.582	341
2008	2.542	311
2009	2.722	401
2010	2.582	419
2011	2.537	537
2012	2.535	669
2013	2.750	815

Inauguração do Tokyo DisneySea

SAITO:
O senhor falou em comover ou alegrar as pessoas, mas como o senhor está vendo a recessão do Japão ou do mundo? Tenho a imagem do sr. Walt como o Deus da Riqueza. O que o senhor me diz a respeito disso?

DISNEY:
A recessão é realmente uma boa época para estudo. Os fracos vão falindo. Nesse sentido, é um período difícil. Quando a economia vai bem, até os fracos sobrevivem. Por exemplo, mesmo aqueles restaurantes cuja comida é ruim não fecham. De alguma maneira, sobrevivem. Quando chega a recessão, eles são os primeiros a falir.

      Quem toca os negócios não sabe por que ocorre a falência. Todos acreditam que são capazes, mas a resposta vem. Portanto, a recessão é uma boa oportunidade de estudos. Numa fase boa, as pessoas ficam presunçosas e convencidas, mas o importante é a fase da recessão.

Todos devem ser profissionais de entretenimento e empreendedores

DISNEY:
É muito difícil juntar 25 a 30 milhões de pessoas na época de recessão. A religião que conseguir essa façanha vai ter um grande crescimento.

      Portanto, a Happy Science também precisa fazer manipulação genética e criar muitos clones de Walt Disney através de experiências de DNA. Em suma, vocês vão iniciar um desenvolvimento autossustentado. Isso é muito importante.

SAITO:
Um desenvolvimento autossustentado?

DISNEY:
Sim. Criando pessoas que pensam continuamente em se desenvolver e prosperar, todos serão profissionais de entretenimentos e empreendedores. Vocês, funcionários, também deverão ser profissionais de entretenimento e empreendedores. É possível criar esse tipo de perfil. Basta querer!

Porém, no caso de vocês, ao decidirem realizar esse seminário, certamente vão surgir muitas pessoas sem graça e desanimadas querendo ser palestrantes! Talvez.

Na verdade, os seminários religiosos não são muito interessantes. Seria como... Não existem aquelas máquinas que fornecem doces ou salgadinhos automaticamente, bastando apertar um botão? É o que vocês fazem. Produzem coisas padronizadas.

Então, é preciso aumentar o tamanho do sonho e da esperança. É preciso fazer com que os participantes sintam vontade de ficar mais tempo. A religião é a mesma coisa. Em vez de proibir a saída, é preciso fazer com que os fiéis não queiram sair até a morte.

Mesmo na questão da difusão. Não se deve fazer a difusão só porque mandaram. Isso é coisa de exército! Não pode ser assim! O verdadeiro é quando as pessoas ficam com vontade de trazer amigos, colegas e conhecidos à religião. Agora, o crescimento pararia se eles pensassem: "Não traria os amigos a essa religião. Seria terrível para eles. Se eles tiverem de passar por esses dolorosos exercícios, não quero que venham".

Isso é muito importante. Acho que são problemas humanos também. Não é preciso pensar em coisas difíceis com base em teorias de administração. É uma questão de padrão. O essencial é criar um padrão ou cultura em que todos sejam profissionais de entretenimento e empreendedores.

Atraia as pessoas inclusive nos dias de semana

SAITO:
Nas suas mensagens, em vida, o senhor fala que todos os sonhos se realizam.

DISNEY:
Sim, é isso mesmo!

SAITO:
"Basta ter a coragem de persistir no sonho e ele se realizará!" Assim falava o senhor, sempre. Criar o padrão, a cultura, é isso? Ou seja, é fazer com que todos persistam no sonho?

DISNEY:
Hum, de fato, quanto mais bela for a Cinderela, melhor será. Entende? Se o público achar "Não é tão bela", tudo irá por água abaixo.

O Mickey, por exemplo: todos conhecem a sua imagem, pois viram repetidas vezes por décadas. Mesmo assim, ao encontrá-lo e lhe dar um aperto de mão, a pessoa voltará feliz para casa. Eis o segredo *[batendo na mesa]*! Consegue entender?

Todos sabem que há uma pessoa dentro (da fantasia) do Mickey. Mesmo assim, as pessoas abraçariam o Mickey e voltariam felizes para casa? Ou achariam sem graça? Eis o *pulo do gato* do crescimento. Dá para entender?

SAITO:
Um pouco.

DISNEY:
Um pouco sim?

SAITO:
Vontade de entender eu tenho.

DISNEY:
Por exemplo, você faz uma boa palestra. Assim, todos voltam para casa dizendo: "Foi muito bom!". Porém, as pessoas não voltariam mais e acabaria por aí, ou elas voltariam para ter novas emoções acreditando que poderiam aprender algo diferente. Essa é a diferença!

SAITO:
Entendi. É uma questão de ficar com vontade de voltar ou não!

DISNEY:
Isso mesmo! Por isso, o que importa são os movimentos do Mickey. Na verdade, o mais difícil é o treinamento especial depois que a casa está fechada.

SAITO:
Treinamento especial?

DISNEY:
Após o fechamento do parque, todos treinam intensamente. Realizam por muitas horas os ensaios da dança, os gestos, a coreografia. É isso que faz a diferença.

SAITO:
Um treinamento completo?!

DISNEY:
Isso mesmo! Por isso é que vocês não podem deixar os funcionários responsáveis pelos templos "soltos". Eles precisam realizar treinamentos completos.

Não quero ofendê-los, mas os seus palestrantes acreditam que é suficiente ter público nos finais de semana para poder sobreviver. Quase todos são assim. Se perguntar aos que estão nos ouvindo, acho que será assim. Se vierem alguns e o templo ficar cheio aos sábados e domingos, eles conseguirão sobreviver. Com certeza é assim.

Por outro lado, no caso dos parques temáticos, não se consegue sobreviver só com os finais de semana. Todos trabalham inclusive nos dias de semana. Dias de semana são dias de trabalho. É preciso fazer trabalhar *[bate na mesa]*.

SAITO:
Entendi.

Por que a Disney continua tendo sucesso

DISNEY:
Nos cinemas, as pessoas vêm nos finais de semana, mas não nos dias de semana. Atrair o público para o cinema nos dias de semana: "Eis a diferença!" *[Bate na mesa].*

Ao produzir filmes atraentes para os dias de semana, elas virão. Inventarão quaisquer motivos para vir. Encerram o trabalho mais cedo, uma doença, um pequeno descanso por causa do calor, uma viagem a trabalho, o cliente não estava, um encontro com a namorada depois do expediente etc. Enfim, o motivo não interessa. Fazer as pessoas virem nos dias de semana é o que importa.

A maior parte dos templos não consegue atrair o público nos dias de semana. Assim, não dá para competir com a Disney!

A Disneylândia fica completamente lotada nos finais de semana. As filas são enormes, e as pessoas não conseguirão desfrutar as atrações. De certa maneira, é inevitável que o público se concentre nos finais de semana. Mesmo assim, a vontade das pessoas deve ser grande a ponto de faltar no trabalho ou tirar férias. É isso.

Outra forma é atrair o público que pede demissão no trabalho e está livre até o próximo emprego; estudantes que não estão a fim de estudar; pessoas que estão sofrendo por terem perdido o namorado ou a namorada. Enfim, é isso. Dá para entender?

Temos de ser um oásis da vida.

SAITO:
Interessante!

8
A função de Walt Disney no outro mundo

Steve Jobs é um engenheiro; Disney, um grande mestre da imaginação

SAITO:
Por fim, gostaria de saber sobre os segredos do mundo espiritual.

DISNEY:
A-há.

MIYAKE:
Na nossa conversa, surgiu várias vezes a palavra "magia".

Steve Jobs transmitiu uma mensagem espiritual a Ryuho Okawa, em 11 de janeiro de 2012, publicada posteriormente pela IRH Press Japan com o título *A surpreendente ressurreição de Steve Jobs*.

Assim, senti que o senhor possui algum vínculo com Steve Jobs, que foi CEO da Pixar[3]. O que o senhor me diz?

DISNEY:
É um pouco diferente. Ele é um autêntico engenheiro, um pesquisador. Portanto, é um pouco diferente.
    Eu não sou um engenheiro. Sou mais um criador do que engenheiro. Na verdade, sou um grande mestre da imaginação. Sou desta área. Certamente, ele também elabora o desenho dentro de seu coração, mas é mais centrado nas máquinas. É de produção. Acho que ele priorizava as inspirações voltadas para criar coisas deste mundo. No meu caso, acredito que tenha utilizado muito mais o poder do coração.

SAITO:
O poder do coração?

DISNEY:
Então, é um pouco diferente de atrair o público pelo desempenho de produtos. Como posso dizer... A Disney seria quase que totalmente software. Não é hardware, apesar de se utilizar também de hardwares. Basta ver o castelo da Cinderela. A competição entre softwares é o fundamento. E o hardware é apenas o que sustenta. Enfim, eu sou o grande mestre da imaginação.

---

3 A Pixar Animation Studios é uma empresa de animação digital norte-americana que em 2006 foi comprada pela Walt Disney Company, tornando-se sua filial.

A função de Walt Disney no outro mundo

Walt Disney tem alguma relação com o deus Hermes e o deus Ophealis?

DISNEY:
Vocês sabem que o mundo espiritual é o mundo em que os pensamentos se realizam, certo? Entretanto, entre uma pessoa e outra, há uma diferença no grau de liberdade do uso do pensamento. Isto é, quem desconhece, se deixa levar. Vive no mundo espiritual deixando se levar pela vida. Por outro lado, para quem sabe que o pensamento possibilita diversas coisas e expressões, é como se tivesse adquirido o dom de Deus. É algo assim. Portanto, na verdade penso que sou capaz de ser o braço direito do sr. Ryuho Okawa.

SAITO:
É o senhor que está dizendo isso, mas posso lhe fazer uma pergunta direta?

DISNEY:
Sim.

SAITO:
Dentre as reencarnações passadas do mestre Ryuho Okawa, há o deus Ophealis[4].

DISNEY:
Sim, sim.

---

[4] Ophealis manifestou-se na Grécia há 6.500 anos; seus ensinamentos, fama e reino se estenderam até o Egito, onde ficou conhecido como deus Osíris.

SAITO:
Na Grécia antiga, ele usava a magia ou o poder místico. Sua próxima encarnação foi como o deus Hermes. Qual foi a sua relação com esses deuses?

DISNEY:
Bem, tenho relação com o poder místico.

SAITO:
Sim.

DISNEY:
Sim. Tenho relação. Tenho sim. Acredito que sim. Veja bem, o maior atrativo da religião é o poder místico.

SAITO:
Poder místico? Sim.

DISNEY:
É o poder místico e os milagres inimagináveis neste mundo, não é mesmo?

SAITO:
Sim, sim.

DISNEY:
Não é mesmo? Ao desmembrarmos o poder místico e os milagres, acabaremos chegando aos segredos da Disneylândia.
　　　Se fôssemos uma religião, na verdade poderíamos dar um salto e até provocar milagres. De forma mística. Po-

deríamos chegar direto à conclusão, eliminando a explicação do processo. Mesmo assim, nós realizamos tudo com a força humana. Portanto, é um milagre. Milagre, misticismo. A Disney manifesta tudo isso com a capacidade humana. As pessoas que estão ali são pessoas comuns, mas, através de treinamento e aprimoramento, transformamos estas pessoas comuns em discípulos de mágico. Eis a força!

Nesse sentido, certamente a Happy Science possui muitas forças dentro do mundo religioso, e tenho algum tipo de relação com a área do poder místico. Talvez não tenha muita relação com os rígidos ensinamentos.

A alma de Walt Disney participou da Gênese

SAITO:
Tenho receio de fazer essa pergunta, mas, em nome dos fãs da Disney, vou lhe perguntar. Ao longo da história da humanidade, creio que o senhor já deve ter nascido em diversos locais. Quais foram exatamente suas encarnações passadas?

DISNEY:
Bem, no cristianismo, a reencarnação não existe.

SAITO:
Por favor, dê um jeito e nos conceda mais essa emoção.

DISNEY:
Bem, hum...

SAITO:
Uma dica pelo menos.

DISNEY:
Realmente, na hora da Gênese, é preciso alguém como eu para ajudar, não é mesmo? Certamente, é preciso alguém como eu na hora da criação.

SAITO:
Na Gênese? Há pouco o senhor falou das variedades de peixes...

DISNEY:
Sim. Quando Deus quer criar vários seres, de fato, é preciso ter alguém como eu ao Seu lado, não é?

SAITO:
Entendi.

DISNEY:
É preciso ajudar.

SAITO:
É um trabalho bem primordial, não?

DISNEY:
É sim. Inclusive os seres espaciais, é preciso alguém que saiba elaborar o seu esboço, certo? Tendo uma ideia de como devem ser os seres espaciais, surgiriam os seres com as mesmas características.

A função de Walt Disney no outro mundo

SAITO:
Puxa! Quantos segredos incríveis!

DISNEY:
Neste sentido, se eu participei efetivamente da Gênese, na criação do Universo, realizada por El Cantare...

SAITO:
O senhor participou da Gênese de El Cantare?

DISNEY:
Hum. Sim. Sim, sim, sim.

SAITO:
Esta é a alma do sr. Walt Disney?

DISNEY:
É sim. Não digo que é no todo.

SAITO:
Ah...

DISNEY:
Hahaha. Evidentemente, não totalmente, mas pelo menos posso dizer que tenho a recordação de ter ajudado na criação dos personagens espaciais.

SAITO:
Entendi!

DISNEY:
Você quer saber em que ser humano eu encarnei?

SAITO:
Isso!

DISNEY:
Como ser humano, bem, já nasci como Cinderela. He, he, he.

SAITO:
Não, não, não, não.

DISNEY:
Acho que a minha encarnação passada foi um rato. Acho que fui o rei dos ratos. Hum.

SAITO:
Eu gostaria de continuar a pesquisa sobre este mistério em nome da Happy Science.

Nem os países materialistas e ateus conseguem resistir à Disneylândia

DISNEY:
O vínculo criado comigo a partir desta entrevista vai representar um grande desenvolvimento para a Happy Science.

SAITO:
Muito obrigado.

A função de Walt Disney no outro mundo

DISNEY:
A Disney já é um consenso mundial. Nem mesmo os países materialistas e ateus, que não acreditam em vocês, conseguem vencer a Disneylândia. Não conseguem quebrar seus encantos.
   Quando vocês não conseguirem romper com o poder da religião, rompam com o "poder da magia". Atraiam as pessoas para a Happy Science tal como a Disney faz com seus fãs.

SAITO:
[Risos.] Quanto a isso, vamos ver ainda... Sim.

DISNEY:
Será que entendeu mesmo?

SAITO:
Aceitarei como uma dica.

MIYAKE:
Nós temos de realizar a criação da nova civilização a partir de agora...

DISNEY:
Precisa ser divertido!

MIYAKE:
Sim, divertido! *[Risos.]*

DISNEY:
Vamos ser mais divertidos.

MIYAKE:
Dando emoções, não é?

DISNEY:
[Dirigindo-se a Saito.] Ei, paizão, não adianta encenar de vez em quando. É preciso estar pensando nisso sempre!

SAITO:
Gravei profundamente no meu coração que devo treinar sempre.

DISNEY:
Sim. Pense um pouco mais.

SAITO:
Muito obrigado por hoje.

DISNEY:
Sim. Muito obrigado!

SAITO e **MIYAKE:**
Muito obrigado!

9
Encerramento da mensagem espiritual de Walt Disney

RYUHO OKAWA:
Será que esta entrevista poderia ser usada no seminário? Sinto que conseguimos desvendar uma parte dos segredos.

Nossa instituição também precisa se esforçar na formação dos funcionários. Parece que na Disney há muito treinamento que o público não vê. Pelo jeito, o instrutor é bastante exigente.

Certamente, há o caminho de *expert* inclusive para ser um Mickey. Deve haver vários atores que fazem o papel de Mickey, mas há diferença nos seus níveis de excelência. O Mickey *expert* deve ensinar o Mickey inexperiente. Creio que seja assim mesmo. E aqueles que não conseguem se tornar Mickey, trabalham com outras fantasias.

As pessoas que trabalham para dar alegria aos outros, na verdade, passam por um rigoroso aprimoramento. Neste sentido, talvez seja muito parecido com a religião. Devemos tê-los como uma referência. Além disso, creio que houve também vários pontos sobre os quais devemos refletir.

Muito obrigado.

SAITO e **MIYAKE:**
Muito obrigado.

Posfácio

A Disneylândia é de fato muito resistente durante uma recessão econômica. Enquanto os demais parques temáticos vão à falência, a Disney investe centenas de milhões de dólares todos os anos em novas atrações.

Sua força mágica de captação de clientes é impressionante! Não faz muito tempo que houve o incidente em que o ditador da Coreia do Norte, Kim Jong-un, o primogênito do já falecido Kim Jong-il, veio ao Japão porque queria ver a Disneylândia de Tóquio, e foi deportado por ter entrado no país ilegalmente.

Há uma capacidade de atração que transcende as diferenças ideológicas e as relações de guerra entre nações. A filosofia original da fundação tem muito poder. Em Tóquio, há grandes filas e falta de mercadorias nas lojas famosas. Enquanto isso, as lojas vizinhas estão às moscas. Quem almeja sucesso na criação ou nos negócios deve estudar sem falta o Walt Disney.

De acordo com certo coreógrafo do mundo celestial, a dança do Mickey de um ex-ator é de cair o queixo. Para os clientes só se mostra o sorriso, mas, nos bastidores, os sofridos treinamentos especiais são contínuos. A criação do "Reino da Magia e dos Sonhos" é por demais parecida com a vida em si.

Ryuho Okawa
25 de fevereiro de 2014

Sobre o autor

O mestre Ryuho Okawa começou a receber mensagens de grandes personalidades da história – Jesus, Buda e outros seres celestiais – em 1981. Esses seres sagrados vieram com mensagens apaixonadas e urgentes, rogando que ele transmitisse às pessoas na Terra a sabedoria divina deles. Assim se revelou o chamado para que ele se tornasse um líder espiritual e inspirasse pessoas no mundo todo com as Verdades espirituais sobre a origem da humanidade e sobre a alma, por tanto tempo ocultas. Esses diálogos desvendaram os mistérios do Céu e do Inferno e se tornaram a base sobre a qual o mestre Okawa construiu sua filosofia espiritual. À medida que sua consciência espiritual se aprofundou, ele compreendeu que essa sabedoria continha o poder de ajudar a humanidade a superar conflitos religiosos e culturais e conduzi-la a uma era de paz e harmonia na Terra.

Pouco antes de completar 30 anos, o mestre Okawa deixou de lado uma promissora carreira de negócios para se dedicar totalmente à publicação das mensagens que recebe do Mundo Celestial. Desde então, até junho de 2014, já lançou mais de 1.600 livros, tornando-se um autor de grande sucesso no Japão e no mundo. A universalidade da sabedoria que ele compartilha, a profundidade de sua filosofia religiosa e espiritual e a clareza e compaixão de suas mensagens continuam a atrair milhões de leitores. Além de seu trabalho contínuo como escritor, o mestre Okawa dá palestras públicas pelo mundo todo.

Sobre a Happy Science

Em 1986, o mestre Ryuho Okawa fundou a Happy Science, um movimento espiritual empenhado em levar mais felicidade à humanidade pela superação de barreiras raciais, religiosas e culturais, e pelo trabalho rumo ao ideal de um mundo unido em paz e harmonia. Apoiada por seguidores que vivem de acordo com as palavras de iluminada sabedoria do mestre Okawa, a Happy Science tem crescido rapidamente desde sua fundação no Japão e hoje conta com mais de 12 milhões de membros em todo o globo, com Templos locais em Nova York, Los Angeles, São Francisco, Tóquio, Londres, Paris, Düsseldorf, Sydney, São Paulo e Seul, dentre as principais cidades. Semanalmente o mestre Okawa ensina nos Templos da Happy Science e viaja pelo mundo dando palestras abertas ao público. A Happy Science possui vários programas e serviços de apoio às comunidades locais e pessoas necessitadas, como programas educacionais pré e pós-escolares para jovens e serviços para idosos e pessoas com necessidades especiais. Os membros também participam de atividades sociais e beneficentes, que no passado incluíram ajuda humanitária às vítimas de terremotos na China e no Japão, levantamento de fundos para uma escola na Índia e doação de mosquiteiros para hospitais em Uganda.

Programas e Eventos

Os templos locais da Happy Science oferecem regularmente eventos, programas e seminários. Junte-se às nossas sessões de meditação, assista às nossas palestras, participe dos grupos de estudo, seminários e eventos literários. Nossos programas ajudarão você a:

- Aprofundar sua compreensão do propósito e significado da vida.
- Melhorar seus relacionamentos conforme você aprende a amar incondicionalmente.
- Aprender a tranquilizar a mente mesmo em dias estressantes, pela prática da contemplação e da meditação.
- Aprender a superar os desafios da vida e muito mais.

Seminários Internacionais

Anualmente, amigos do mundo inteiro comparecem aos nossos seminários internacionais, que ocorrem em nossos templos no Japão. Todo ano são oferecidos programas diferentes sobre diversos tópicos, entre eles como melhorar relacionamentos praticando os Oito Corretos Caminhos para a iluminação e como amar a si mesmo.

Revista Happy Science

Leia os ensinamentos do mestre Okawa na revista mensal *Happy Science*, que também traz experiências de vida de membros do mundo todo, informações sobre vídeos da Happy Science, resenhas de livros etc. A revista está disponível em inglês, português, espanhol, francês, alemão, chinês, coreano e outras línguas. Edições anteriores podem ser adquiridas por encomenda. Assinaturas podem ser feitas no templo da Happy Science mais perto de você.

Contatos

BRASIL	www.happyscience-br.org
SÃO PAULO (Matriz)	R. Domingos de Morais 1154, Vila Mariana, São Paulo, SP, CEP 04010-100 **TEL.** 55-11-5088-3800 **FAX** 5511-5088-3806, **sp@happy-science.org**
Região Sul	R. Domingos de Morais 1154, 1º and., Vila Mariana, São Paulo, SP, CEP 04010-100 **TEL.** 55-11-5574-0054 **FAX** 5511-5574-8164, **sp_sul@happy-science.org**
Região Leste	R. Fernão Tavares 124, Tatuapé, São Paulo, SP, CEP 03306-030 **TEL.** 55-11-2295-8500 **FAX** 5511-2295-8505, **sp_leste@happy-science.org**
Região Oeste	R. Grauçá 77, Vila Sônia, São Paulo, SP, CEP 05626-020 **TEL.** 55-11-3061-5400, **sp_oeste@happy-science.org**
JUNDIAÍ	Rua Congo 447, Jd. Bonfiglioli, Jundiaí, SP, CEP 13207-340 **TEL.** 55-11-4587-5952, **jundiai@happy-science.org**
SANTOS	Rua Itororó 29, Centro, Santos, SP, CEP 11010-070 **TEL.** 55-13-3219-4600, **santos@happy-science.org**
SOROCABA	Rua Dr. Álvaro Soares 195, sala 3, Centro, Sorocaba, SP, CEP 18010-190 **TEL.** 55-15-3359-1601, **sorocaba@happy-science.org**
RIO DE JANEIRO	Largo do Machado 21 sala 607, Catete, Rio de Janeiro, RJ, CEP 22221-020 **TEL.** 55-21-3243-1475, **riodejaneiro@happy-science.org**
INTERNACIONAL	www. happyscience.org
ACRA (Gana)	28 Samora Machel Street, Asylum Down, Accra, Ghana **TEL.** 233-30703-1610, **ghana@happy-science.org**
AUCKLAND (Nova Zelândia)	409A Manukau Road, Epsom 1023, Auckland, New Zealand **TEL.** 64-9-630-5677 **FAX** 64 9 6305676, **newzealand@happy-science.org**
BANGCOC (Tailândia)	Between Soi 26-28, 710/4 Sukhumvit Rd., Klongton, Klongtoey, Bangkok 10110 **TEL.** 66-2-258-5750 **FAX** 66-2-258-5749, **bangkok@happy-science.org**

Walt Disney – Os segredos da magia que encanta as pessoas

CINGAPURA	190 Middle Road #16-05, Fortune Centre, Singapore 188979 **TEL.** 65 6837 0777/ 6837 0771 **FAX** 65 6837 0772, **singapore@happy-science.org**
COLOMBO (Sri Lanka)	No. 53, Ananda Kumaraswamy Mawatha, Colombo 7 Sri Lanka **TEL.** 94-011-257-3739, **srilanka@happy-science.org**
DURBAN (África do Sul)	55 Cowey Road, Durban 4001, South Africa **TEL.** 031-2071217 **FAX** 031-2076765, **southafrica@happy-science.org**
DÜSSELDORF (Alemanha)	Klosterstr. 112, 40211 Düsseldorf, Germany **web: http://hs-d.de/** **TEL.** 49-211-93652470 **FAX** 49-211-93652471, **germany@happy-science.org**
FINLÂNDIA	**finland@happy-science.org**
FLÓRIDA (EUA)	12208 N 56th St., Temple Terrace, Florida 33617 **TEL.** 813-914-7771 **FAX** 813-914-7710, **florida@happy-science.org**
HONG KONG	Unit A, 3/F-A Redana Centre, 25 Yiu Wa Street, Causeway Bay **TEL.** 85-2-2891-1963, **hongkong@happy-science.org**
HONOLULU (EUA)	1221 Kapiolani Blvd, Suite 920, Honolulu, Hawaii 96814, USA, **TEL.** 1-808-591-9772 **FAX** 1-808-591-9776, **hi@happy-science.org, www.happyscience-hi.org**
KAMPALA (Uganda)	Plot 17 Old Kampala Road, Kampala, Uganda P.O. Box 34130, **TEL.** 256-78-4728601 **uganda@ happy-science.org, www.happyscience-uganda.org**
KATMANDU (Nepal)	Kathmandu Metropolitan City, Ward No-9, Gaushala, Surya Bikram Gynwali Marga, House No. 1941, Kathmandu **TEL.** 977-0144-71506, **nepal@happy-science.org**
LAGOS (Nigéria)	1st Floor, 2A Makinde Street, Alausa, Ikeja, off Awolowo Way, Ikeja-Lagos State, Nigeria, **TEL.** 234-805580-2790, **nigeria@happy-science.org**
LIMA (Peru)	Av. Angamos Oeste 354, Miraflores, Lima, Peru, **TEL.** 51-1-9872-2600, **peru@happy-science.org, www.happyscience.jp/sp**
LONDRES (GBR)	3 Margaret Street, London W1W 8RE, United Kingdom **TEL.** 44-20-7323-9255 **FAX** 44-20-7323-9344 **eu@happy-science.org, www.happyscience-eu.org**

Contatos

LOS ANGELES (EUA)	1590 E. Del Mar Blvd., Pasadena, CA 91106, USA, **TEL.** 1-626-395-7775 **FAX** 1-626-395-7776, **la@happy-science.org, www.happyscience-la.org**
MANILA (Filipinas)	Gold Loop Tower A 701, Escriva Drive Ortigas Center Pasig City 1605, Metro Manila, Philippines, **TEL.** 09472784413, **philippines@happy-science.org**
MÉXICO	Av.Insurgentes Sur 1443, Col, Insurgentes Mixcoac, Mexico 03920, D.F **mexico@happy-science.org, www.happyscience.jp/sp**
NOVA DÉLI (Índia)	314-319, Aggarwal Square Plaza, Plot-8, Pocket-7, Sector-12, Dwarka, New Delhi-7S, **TEL.** 91-11-4511-8226, **newdelhi@happy-science.org**
NOVA YORK (EUA)	79 Franklin Street, New York, New York 10013, USA, **TEL.** 1-212-343-7972 **FAX** 1-212-343-7973, **ny@happy-science.org, www.happyscience-ny.org**
PARIS (França)	56, rue Fondary 75015 Paris, France **TEL.** 33-9-5040-1110 **FAX** 33-9-55401110 **france@happy-science.org, www.happyscience-fr.org**
SÃO FRANCISCO (EUA)	525 Clinton St., Redwood City, CA 94062, USA **TEL./FAX** 1-650-363-2777, **sf@happy-science.org, www.happyscience-sf.org**
SEUL (Coreia do Sul)	162-17 Sadang3-dong, Dongjak-gu, Seoul, Korea **TEL.** 82-2-3478-8777 **FAX** 82-2-3478-9777, **korea@happy-science.org**
SYDNEY (Austrália)	Suite 17, 71-77 Penshurst Street, Willoughby, NSW 2068, Australia **TEL.** 61-2-9967-0766 **FAX** 61-2-9967-0866, **sydney@happy-science.org**
TAIPÉ (Taiwan)	No. 89, Lane 155, Dunhua N. Rd., Songshan District, Taipei City 105, Taiwan **TEL.** 886-2-2719-9377 **FAX** 886-2-2719-5570, **taiwan@happy-science.org**
TÓQUIO (Japão)	6F 1-6-7 Togoshi, Shinagawa, Tokyo, 142-0041, Japan, **TEL.** 03-6384-5770 **FAX** 03-6384-5776, **tokyo@happy-science.org, www.happy-science.jp**
TORONTO (Canadá)	323 College St. Toronto ON Canada M5T 1S2 **TEL.** 1-416-901-3747, **toronto@happy-science.org**
VIENA (Áustria)	Zentagasse 40-42/1/1b, 1050, Wien, Austria/EU **TEL./FAX** 43-1-9455604, **austria-vienna@happy-science.org**

Outros livros de Ryuho Okawa

O Caminho da Felicidade
Torne-se um Anjo na Terra
IRH Press do Brasil

Aqui se encontra a íntegra dos ensinamentos da Verdade espiritual transmitida por Ryuho Okawa e que serve de introdução aos que buscam o aperfeiçoamento espiritual. Okawa apresenta "Verdades Universais" que podem transformar sua vida e conduzi-lo para o caminho da felicidade. A sabedoria contida neste livro é intensa e profunda, porém simples, e pode ajudar a humanidade a alcançar uma era de paz e harmonia na Terra.

Mude Sua Vida, Mude o Mundo
Um Guia Espiritual para Viver Agora
IRH Press do Brasil

Este livro é uma mensagem de esperança, que contém a solução para o estado de crise em que nos encontramos hoje. É um chamado para nos fazer despertar para a Verdade de nossa ascendência, para que todos nós, como irmãos, possamos reconstruir o planeta e transformá-lo numa terra de paz, prosperidade e felicidade.

A Mente Inabalável
Como Superar as Dificuldades da Vida
IRH Press do Brasil

Muitas vezes somos incapazes de lidar com os obstáculos da vida, sejam eles problemas pessoais ou profissionais, tragédias inesperadas ou dificuldades que nos acompanham há tempos. Para o autor, a melhor solução para tais situações é ter uma mente inabalável. Neste livro, ele descreve maneiras de adquirir confiança em si mesmo e alcançar o crescimento espiritual, adotando como base uma perspectiva espiritual.

Walt Disney – Os segredos da magia que encanta as pessoas

As Leis da Salvação
Fé e a Sociedade Futura
IRH Press do Brasil

O livro analisa o tema da fé e traz explicações que ajudam a elucidar os mecanismos da vida e o que ocorre depois dela, permitindo que os seres humanos adquiram maior grau de compreensão, progresso e felicidade. Também aborda questões importantes, como a verdadeira natureza do homem enquanto ser espiritual, a necessidade da religião, a existência do bem e do mal, o papel das escolhas, a possibilidade do armagedom, o caminho da fé e a esperança no futuro, entre outros.

O Próximo Grande Despertar
Um Renascimento Espiritual
IRH Press do Brasil

Esta obra traz revelações surpreendentes, que podem desafiar suas crenças. São mensagens transmitidas pelos Espíritos Superiores ao mestre Okawa, para que você compreenda a verdade sobre o que chamamos de "realidade". Se você ainda não está convencido de que há muito mais coisas do que aquilo que podemos ver, ouvir, tocar e experimentar; se você ainda não está certo de que os Espíritos Superiores, os Anjos da Guarda e os alienígenas existem aqui na Terra, então leia este livro.

Ame, Nutra e Perdoe
Um Guia Capaz de Iluminar Sua Vida
IRH Press do Brasil

O autor traz uma filosofia de vida na qual revela os segredos para o crescimento espiritual através dos estágios do amor. Cada estágio representa um nível de elevação no desenvolvimento espiritual. O objetivo do aprimoramento da alma humana na Terra é progredir por esses estágios e desenvolver uma nova visão do maior poder espiritual concedido aos seres humanos: o amor.

Outros livros de Ryuho Okawa

As Leis da Imortalidade
O Despertar Espiritual para uma Nova Era Espacial
IRH Press do Brasil

Milagres ocorrem o tempo todo à nossa volta. Aqui, o mestre Okawa revela as verdades sobre os fenômenos espirituais e ensina que as leis espirituais eternas realmente existem, e como elas moldam o nosso planeta e os outros além deste. Milagres e ocorrências espirituais dependem não só do Mundo Celestial, mas sobretudo de cada um de nós e do poder contido em nosso interior – o poder da fé.

A Essência de Buda
O Caminho da Iluminação e da Espiritualidade Superior
IRH Press do Brasil

Este guia mostra como viver com um verdadeiro propósito. Traz uma visão contemporânea do caminho que vai muito além do budismo, para orientar os que estão em busca da iluminação e da espiritualidade. Você descobrirá que os fundamentos espiritualistas, tão difundidos hoje, na verdade foram ensinados por Buda Shakyamuni e fazem parte do budismo, como os *Oito Corretos Caminhos, as Seis Perfeições e a Lei de Causa e Efeito, o Vazio, o Carma e a Reencarnação*, entre outros.

Estou bem!
7 passos para uma vida feliz
IRH Press do Brasil

Diferentemente dos textos de autoajuda escritos no Ocidente, este livro traz filosofias universais adequadas a qualquer pessoa. Um tesouro com reflexões que transcendem as diferenças culturais, geográficas, religiosas e raciais. É uma fonte de inspiração e transformação que dá instruções concretas para uma vida feliz. Seguindo os passos deste livro, você poderá dizer "Estou bem!" com convicção e um sorriso amplo, onde quer que esteja e diante de qualquer circunstância que a vida lhe apresente.

Walt Disney – Os segredos da magia que encanta as pessoas

As Leis Místicas
Transcendendo as Dimensões Espirituais
IRH Press do Brasil

A humanidade está entrando numa nova era de despertar espiritual. Aqui são esclarecidas questões sobre espiritualidade, ocultismo, possessões e fenômenos místicos, canalizações, comunicações espirituais e milagres que não foram ensinados nas escolas nem nas religiões. Você compreenderá o verdadeiro sentido da vida na Terra, e fortalecerá sua fé, despertando o poder de superar seus limites.

As Leis do Futuro
Os Sinais da Nova Era
IRH Press do Brasil

O futuro está em suas mãos. O destino não é algo imutável, e pode ser alterado por seus pensamentos e suas escolhas. Podemos encontrar o Caminho da Vitória usando a força do pensamento para obter sucesso material e espiritual. O desânimo e o fracasso não existem de fato: são lições para o nosso aprimoramento na Terra. Ao ler este livro, a esperança renascerá em seu coração e você cruzará o portal para a nova era.

A Última Mensagem de Nelson Mandela para o Mundo
Uma Conversa com Madiba Seis Horas Após Sua Morte
IRH Press do Brasil

A Série ENTREVISTAS ESPIRITUAIS traz mensagens de espíritos famosos e revolucionários da história da humanidade e de espíritos guardiões de pessoas ainda encarnadas. Nelson Mandela veio até o mestre Okawa após seu falecimento e transmitiu sua última mensagem de amor e justiça para todos, antes de retornar ao Mundo Espiritual. Porém, a revelação mais surpreendente deste livro é que Mandela é um Grande Anjo de Luz, trazido a este mundo para promover a justiça divina.

Outros livros de Ryuho Okawa

As Leis da Perseverança
Como romper os dogmas da sociedade e superar as fases difíceis da vida
IRH Press do Brasil

Nesta obra, você compreenderá que pode mudar sua maneira de pensar e vencer os obstáculos que o senso comum da sociedade colocam em nosso caminho. Aqui, o mestre Okawa compartilha seus segredos no uso da perseverança e do esforço para fortalecer sua mente, superar suas limitações e resistir ao longo do caminho que o conduzirá a uma vitória infalível.

Manifesto do Partido da Realização da Felicidade
Um Projeto para o Futuro de uma Nação
IRH Press do Brasil

Nesta obra, o autor declara: "Devemos mobilizar o potencial das pessoas que reconhecem a existência de Deus e de Buda, além de acreditar na Verdade, e trabalhar para construir uma utopia mundial. Devemos fazer do Japão o ponto de partida de nossas atividades políticas e causar impacto no mundo todo". Iremos nos afastar das forças políticas que trazem infelicidade à humanidade, criar um terreno sólido para a verdade e, com base nela, administrar o Estado e conduzir a política do país.

A Verdade sobre o Massacre de Nanquim
Revelações de Iris Chang
IRH Press do Brasil

Série Entrevistas Espirituais. Iris Chang ganhou notoriedade após lançar, em 1997, *O Estupro de Nanquim*, em que denuncia as atrocidades cometidas pelo Exército Imperial Japonês na Guerra Sino-Japonesa, em 1938-39. Atualmente, porém, essas afirmações vêm sendo questionadas. Para esclarecer o assunto, Okawa invocou o espírito da jornalista dez anos após sua morte e revela, aqui, o estado de Chang à época de sua morte e a forte possibilidade de uma conspiração por trás de seu livro.

THINK BIG – Pense Grande
O Poder para Criar o Seu Futuro
IRH Press do Brasil

Tudo na vida das pessoas manifesta-se de acordo com o pensamento que elas mantêm diariamente em seu coração. A ação começa dentro da mente. A capacidade de criar de cada pessoa limita-se à sua capacidade de pensar. Ao conhecermos a Verdade sobre o poder do pensamento, teremos em nossas mãos o poder da prosperidade, da felicidade, da saúde e da liberdade de seguir nossos rumos, independentemente das coisas que nos prendem a este mundo material. Com este livro, você aprenderá o verdadeiro significado do Pensamento Positivo e como usá-lo de forma efetiva na concretização de seus sonhos. Leia e descubra como Ser Positivo, Corajoso e realizar seus sonhos.

As Leis do Sol
As Leis Espirituais e a História que Governam
Passado, Presente e Futuro
Editora Best Seller

Neste livro poderoso, Ryuho Okawa revela a natureza transcendental da consciência e os segredos do nosso universo multidimensional, bem como o lugar que ocupamos nele. Ao compreender as leis naturais que regem o universo, e desenvolver sabedoria através da reflexão com base nos Oito Corretos Caminhos ensinados no budismo, o autor tem como acelerar nosso eterno processo de desenvolvimento e ascensão espiritual.

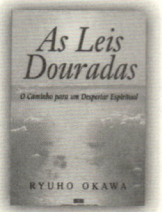

As Leis Douradas
O Caminho para um Despertar Espiritual
Editora Best Seller

Os Grandes Espíritos Guia de Luz, como Buda Shakyamuni e Jesus Cristo, sempre estiveram aqui para cuidar do nosso desenvolvimento espiritual. Este livro traz a visão do Supremo Espírito que rege o Grupo Espiritual da Terra, El Cantare, revelando como o plano de Deus tem se concretizado.

Outros livros de Ryuho Okawa

As Leis da Eternidade
A Revelação dos Segredos das Dimensões Espirituais do Universo – Editora Cultrix

Okawa revela os aspectos multidimensionais do Outro Mundo, suas características e leis, e explica por que é essencial compreendermos sua estrutura, e percebermos a razão de nossa vida – como parte da preparação para a Era Dourada que está por se iniciar.

As Chaves da Felicidade
Os 10 Princípios para Manifestar a Sua Natureza Divina
Editora Cultrix

O autor ensina os 10 princípios básicos – Amor, Conhecimento, Reflexão, Mente, Iluminação, Desenvolvimento, Utopia, Salvação, Autorreflexão e Oração –, que servem de bússola para nosso crescimento espiritual e felicidade.

O Ponto de Partida da Felicidade
Um Guia Prático e Intuitivo para Descobrir o Amor, a Sabedoria e a Fé – Editora Cultrix

Podemos nos dedicar à aquisição de bens materiais ou buscar o verdadeiro caminho da felicidade – construído com o amor que dá, que acolhe a luz. Okawa nos mostra como alcançar a felicidade e ter uma vida plena de sentido.

Curando a Si Mesmo
A Verdadeira Relação entre Corpo e Espírito
IRH Press do Brasil

O autor revela as verdadeiras causas das doenças e os remédios para várias delas, que a medicina moderna ainda não consegue curar, oferecendo conselhos espirituais e práticos. Ele mostra os segredos do funcionamento da alma e como o corpo humano está ligado ao plano espiritual.

Walt Disney – Os segredos da magia que encanta as pessoas

Mensagens de Jesus Cristo
A Ressurreição do Amor
Editora Cultrix

Jesus Cristo tem transmitido diversas mensagens espirituais ao mestre Okawa, cujo objetivo é despertar a humanidade para uma nova era de espiritualidade.

Pensamento Vencedor
Estratégia para Transformar o Fracasso em Sucesso
Editora Cultrix

Este pensamento baseia-se nos ensinamentos de reflexão e desenvolvimento necessários para superar as dificuldades da vida e obter prosperidade. Ao estudar esta filosofia e colocá-la em prática, você será capaz de declarar que não existe derrota – só o sucesso.

As Leis da Felicidade
Os Quatro Princípios para uma Vida Bem-Sucedida
Editora Cultrix

O autor ensina que, se as pessoas conseguem dominar os Princípios da Felicidade – Amor, Conhecimento, Reflexão e Desenvolvimento –, elas podem fazer sua vida brilhar, tanto neste mundo como no outro, pois esses princípios são os que conduzem as pessoas à verdadeira felicidade.